Couvertures supérieure et inférieure manquantes

MÉMOIRE

CONTRE LA

Demande faite par les habitants des hameaux de Peymeinade,
Jaïsous, Jacourets, l'Azès et l'Apié,
tendant à être distraits de la commune de Cabris
et former une commune distincte dont Peymeinade serait le chef-lieu

1867

MÉMOIRE

CONTRE LA

Demande faite par les habitants des hameaux de Peymeinade,
Jaïsous, Jacourois, l'Azès et l'Apié
tendant à être distraits de la commune de Cabris et former une commune
distincte dont Peymeinade serait le chef-lieu.

Cabris est une commune du canton de Saint-Vallier, arrondissement de Grasse, composée d'un chef-lieu et de plusieurs hameaux. Deux sont relativement importants, celui de Spéracèdes, qui compte 343 habitants; celui de Peimeinade, qui en compte à peine 260.

Le chef-lieu, dont la population est de 567 habitants, est bâti sur une hauteur, aux flancs de laquelle sont attachés la plupart des hameaux qui en dépendent. La distance qui les sépare n'est ni longue ni difficile à franchir.

Les biens qui appartiennent à la commune se divisent en deux catégories bien distinctes : les terres incultes, dites *terres gastes*, et une forêt de pins et de chênes-liéges. Les premières occupent une superficie de 362 hectares 57 ares 12 centiares ; la seconde (la forêt) a une étendue de 113 hectares 62 ares 44 centiares. Cette forêt communale est toute entière située sur le territoire du hameau de Peymeinade, et la propriété en appartient *incontestablement* à la commune. Les *terres gastes* de ce hameau occupent une superfic de 88 hectares 96 ares et sont dans la même condition. Celles de Cabris et de Spéracèdes mesurent une surperficie de 273 hectares 61 ares 12 centiares; mais elles sont, depuis la Révolution, une cause de procès, toujours renaissants, entre la commune et les habitants. Tour à tour gagnés ou perdus, ces procès en ont laissé la propriété incertaine et litigieuse.

Dès l'année 1790, le hameau de Peymeinade, auquel étaient joints ceux des Jaïsons, Jacourets, Peygros, Prouvèresse, l'Azès et l'Apié, avait demandé à être distrait de la commune de Cabris et former une commune distincte. Cette réclamation se reproduisit encore en 1824 et en 1831.

Malgré l'avis favorable du Conseil général du Var, le gouvernement avait repoussé cette demande, comme contraire à la justice et à l'intérêt bien entendu de la commune.

Les habitants de Peymeinade n'ont pas été découragés par ces échecs successifs : dans le courant de l'année 1866, ils ont renouvelé leurs prétentions.

Leur exemple a été suivi par Spéracèdes, qui a demandé, à son tour, à former une nouvelle commune.

Les deux demandes se sont produites en même temps ; mais, par suite de la lenteur apportée par les habitants de Spéracèdes à la production de certaines pièces, la demande de Peymeinade a pu seule être soumise à l'instruction ordonnée par la loi de 1837

Une enquête a été ouverte devant M. le juge de paix de Saint-Vallier ; le résultat, comme le rapport sagement motivé de ce magistrat, ont été contraires à la distraction.

Le Conseil municipal de Cabris, délibérant avec les plus forts imposés, a été d'un avis semblable. La délibération qui le constate a été précédée d'un exposé lumineux, fait par M. le maire, et s'appuie sur les motifs les plus sérieux. Elle est à la date du 13 juillet 1866.

La Commission syndicale, composée exclusivement d'habitants des hameaux séparatistes, a donné naturellement son adhésion à la demande en distraction.

Le Conseil d'arrondissement de Grasse, après un examen minutieux et approfondi de la question, a conclu au rejet pur et simple de la demande.

Une letttre de M. le Sous-Préfet de Grasse, du 31 juillet 1866, contient un exposé complet et détaillé de l'affaire.

Le 4 août suivant, M. le géomètre en chef du cadastre a émis un avis favorable, et, par sa lettre du 7 du même mois, M. le directeur des contributions directes s'est *abstenu de formuler une opinion.*

L'affaire a été enfin soumise à l'appréciation du Conseil général des Alpes-Maritimes.

Mais, dans l'intervale et postérieurement à la délibération du Conseil d'arrondissement, à qui la question n'a pas été présentée, l'Administration s'est préoccupée du partage des terres communales et a recherché le moyen le plus équitable et le plus avantageux d'y parvenir, si la séparation était prononcée. Les habitants de Cabris et de Spéracède et ceux de Peymeinade ont été consultés, dans une enquête qui a été reçue par M. Vidal, ancien géomètre du cadastre et vérificateur des poids et mesures à Grasse. Le Conseil municipal et la Commission syndicale ont été également appelés à faire connaître leur avis.

Les habitants de Cabris et le Conseil municipal, préoccupés, à juste titre, de l'incertitude de la propriété des *terres gastes* situées sur leur territoire, ont demandé qu'elles fussent laissées dans l'indivision jusqu'au jour où le sort en aurait été réglé d'une manière définitive. Ils ont également demandé que la forêt communale et les *terres gastes* de Peymeinade, *dont la propriété ne donne lieu à aucune contestation*, fussent, en cas de séparation, partagées entre les deux nouvelles communes, en proportion du nombre des feux de chacune d'elles, seul mode de partage légal et régulier. Ils ont fait la même demande pour les *terres gastes* de Spéracèdes et de Cabris, si le gouvernement ne consentait pas à les laisser dans l'indivision.

La Commission syndicale a déclaré accepter d'avance ce que déciderait l'Administration.

Le commissaire enquêteur proposa de laisser à chaque commune les terres qui se trouvaient sur son territoire et d'attribuer à Peymeinade la totalité de la forêt communale; seulement, comme il admettait en principe le partage par feu des premières et de la seconde, il était d'avis de rétablir l'équilibre entre les droits des deux communes, que détruisaient ces attributions, au moyen d'une indemnité pécunière déterminée par une expertise. M. Vidal ne tenait aucun compte de la situation particulière des *terres gastes* de Cabris et de Spéracèdes, *situation qu'il ne pouvait ignorer*, puisqu'il avait été *nommé expert dans un des derniers procès auxquels elles avaient donné lieu.*

Enfin, M. le Sous-Préfet de Grasse indiqua, comme moyen de sortir d'embarras et de faire face aux dépenses des deux nouvelles communes, la vente de l'ensemble de la forêt communale.

Le Conseil général de 1866, comme celui de 1824, donna un avis favorable à la demande en distraction; mais, obligé de reconnaître que *l'existence des deux nouvelles communes serait précaire et même peu possible, sans les revenus que leur assurerait la vente de la forêt, il pria* M. le Préfet de *seconder cette mesure de tout son pouvoir, pour que le produit de la* vente fût placé sur les fonds de l'Etat et le revenu partagé entre les deux communes, au prorata de leur population.

Au fond, on le voit, le Conseil d'arrondissement et le Conseil général ne diffèrent pas d'opinion autant qu'on pourrait le croire. L'un et l'autre s'accordent à reconnaître qu'après la séparation l'existence des deux nouvelles communes sera précaire ; le premier va seulement plus loin, il pense que la nouvelle commune de Peymeinade n'aura pas les ressources suffisantes pour subsister.

Il suffirait, au reste, de l'aveu du Conseil général, pour que la demande en distraction dût être éconduite. Quelle utilité peut-il y avoir, en effet, à créer une commune qui est d'avance condamnée à l'impuissance et qui ne pourra jamais réaliser les améliorations et les progrès qu'appellent l'esprit du temps et les espérances des habitants ?

Mais un coup d'œil rapide jeté sur les ressources de Peymeinade suffira pour démontrer l'impossibilité de son existence. Le Conseil général accepte comme vraisemblable l'excédent de recettes de 223 francs, indiqué par la Commission syndicale. L'exactitude de ce chiffre serait difficile à justifier; il a été longuement discuté par le Conseil municipal de Cabris, et tout porte à croire à une exagération assez habituelle en pareille circonstance. Mais sur quoi ces ressources portent-elles? Peymeinade a fait grand bruit d'une souscription publique ouverte par les habitants de la section, et dont le résultat est de doter la nouvelle commune d'une rente de 230 francs par an. On a parlé même d'une souscription nouvelle, dont le produit, paraît-il, est trop modeste pour être indiqué. Ce ne sont peut-être là que les calculs d'une tactique habile ; mais, sans aller même si loin, est-on bien sûr de réaliser le capital de cette rente ? Tous les signataires sont-ils des hommes connus, parfaitement sérieux et solvables ? Y a-t-il solidarité parmi les souscripteurs ? Ceux qui peuvent payer voudront-ils le faire pour ceux qui n'en auront ni la volonté ni les moyens ? Il est permis d'en douter ; la victoire obtenue, le dévouement paraîtra probablement inutile. Comment comblera-t-on alors le déficit ?

Cet excédant de recettes supposé réel, le budget n'en deviendra pas plus viable. Peymeinade, qui prétend avoir une partie des biens communaux, devra nécessairement payer sa part des dettes communales. N'aura-t-elle pas à subventionner un cours d'adultes, désormais obligatoire ? N'aura-t-elle pas à payer tous les frais auxquels la séparation et le partage des biens communaux donneront lieu, ainsi que le Conseil général l'a indiqué ? Quelle est la commune, au surplus, dont les dépenses imprévues, surtout dans l'origine, lorsque tout est à créer, à organiser, ne dépassent pas le chiffre de deux cent vingt-trois francs ? Il faudra donc, dès le début, recourir aux moyens extraordinaires et n'obtenir qu'à ce prix l'équilibre du budget. Une administration devient impossible dans des conditions semblables.

Il ne saurait être ni sage, ni utile de recourir à l'impôt extraordinaire pour subvenir aux dépenses ordinaires de la commune, et on ne pourrait le faire sans encourir la desaffection de la population.

Ces impôts, d'ailleurs, ne seraient pas justes. La moitié au moins du territoire de Peymeinade (et ceci n'a été contesté par personne) appartient aux habitants de Cabris; faudrait-il donc leur faire supporter une si large part dans les charges de la nouvelle commune? Faudrait-il ainsi les rendre doublement victimes du nouvel état de choses?

La commune de Cabris, en effet, n'est pas aujourd'hui dans une situation brillante; elle a un passif qui s'élève à trois mille francs et elle n'a pas les moyens d'y faire face. La distraction, contrairement à ce qu'on a osé dire, diminuera les recettes et ne diminuera pas les dépenses dans la même proportion; le déficit va donc s'accroître; une imposition extraordinaire deviendra également nécessaire, et les habitants de Cabris et de Spéracède, imposés à Peymeinade, le seront pareillement chez eux. La nouvelle commune, dont les habitants ne possèdent *presque rien sur le territoire de Cabris*, aura donc le singulier bonheur de vivre et de s'administrer aux dépens de ses adversaires d'aujourd'hui.

C'est là le grand intérêt de ces derniers, quand ils s'opposent à la distraction. Ils ne veulent pas payer deux fois, par des impositions extraordinaires, les dépenses obligatoires qu'une seule commune supporte aujourd'hui.

On crée deux budgets, c'est-à-dire deux chapitres de dépenses, mais on n'augmente pas les recettes d'un centime : on aggrave donc la situation présente.

Il n'y a pas cependant, hâtons-nous de le dire, de motif sérieux et plausible pour s'engager dans cette voie périlleuse. Les intérêts de Peymeinade ne sont pas sacrifiés, comme on l'allègue, à ceux des deux autres sections ; elle n'a ni la suprématie matérielle, ni la supériorité morale qu'elle veut s'attribuer et qui pourraient la rendre digne de l'honneur qu'elle ose ambitionner.

Les habitants de Peymeinade se plaignent d'avoir été obligés de faire, à leurs frais, les améliorations dont les divers hameaux de la section ont eu besoin. Le fait n'est point absolument vrai : la commune de Cabris a su, quand son budget le permettait, s'imposer les sacrifices nécessaires : elle a contribué récemment à la construction des hangards qui recouvrent les fontaines de Peymeinade et des Jaïsons, et il y a ingratitude, de la part de ces derniers hameaux, à ne pas se souvenir du procès soutenu dans leur seul intérêt contre M. Giraud, étranger au pays et président de la Commission syndicale, pour leur conserver la propriété de la source de *Bléjarde*, procès qui fut malheureusement perdu en première instance et en appel, et qui ne coûta pas moins à la commune de *dix-sept cents francs* de frais.

Peymeinade a subi le sort commun. Ce que ses habitants ont fait, lorsqu'il s'est agi de travaux publics, ceux de Cabris et de Spéracèdes l'ont fait également pour leurs sections. Le rapport de la Commission du Conseil d'arrondissement en a fourni des preuves irréfutables. Nous pouvons ajouter que, durant l'année qui vient de finir, il a été consacré, à des réparations et améliorations publiques dans les sections de Cabris et de Spéracèdes, une somme de plus de *cinq mille francs*, et que l'argent a été fourni en totalité par les habitants de ces deux hameaux. Le budget actuel de la commune suffit à peine aux dépenses ordinaires. Il y a donc nécessité de recourir aux dons volontaires des populations pour faire face aux besoins extraordinaires et imprévus.

On a dit aussi, sur la foi d'un relevé fait par le receveur municipal, que, pendant les dix dernières années, l'administration n'avait dépensé sur le territoire de Peymeinade qu'un dixième par an des revenus communaux. Le fait en lui-même ne prouverait rien, car les ressources communales doivent nécessairement aller où les besoins sont les plus grands, et les délibérations du Conseil municipal, prises presque toujours à l'unanimité, seraient la meilleure réponse à faire à des accusations de ce genre. Mais rien n'est moins vrai qu'une assertion pareille et, le 23 octobre dernier, M. le receveur municipal, dans une lettre adressée au maire de Cabris, en a fait bonne justice.

Peymeinade, dit-on encore, n'a pas les chemins nécessaires à l'exploitation de son territoire, et les fonds communaux effectés à leur entretien ne lui sont repartis que d'une manière fort inégale. C'est là encore une erreur manifeste. Sur seize mille huit cent vingt six mètres de chemins classés et entretenus uniquement par la commune, cinq mil neuf cent cinquante-sept se trouvent sur le territoire de Peymeinade et le traversent. C'est la proportion de sa population à celle des autres hameaux. Ces chemins, moins accidentés que ceux des autres sections, sont toujours mieux entretenus. La route départementale de Grasse à Draguignan passe au centre du territoire et fournit à Peymeinade une voie de communication comme aucune des deux autres sections n'en possède.

Le cantonnier communal travaille alternativement pendant dix jours sur le territoire de chaque section.

Les journées de prestations en nature sont faites par les habitants sur le territoire de la section à laquelle ils appartiennent. Ce double fait est reconnu par les réclamants eux-mêmes.

La partie méridionale du territoire de Peymeinade n'a pas de chemins classés, et il serait utile d'en créer. Ce n'est pas là, à coup sûr, une preuve de l'égoïsme des habitants de Cabris et de Spéracèdes; ils possèdent, comme on l'a déjà dit, plus de la moitié des vignobles qui couvrent cette partie du territoire: leurs intérêts leur conseilleraient donc une pareille amélioration, si elle était possible; mais la dépense énorme à laquelle il faudrait se livrer, pour traverser des terrains abruptes et rocailleux, ne serait en rapport ni avec les ressources de la commune, ni avec les avantages obtenus. D'ailleurs, rien n'empêche les propriétaires intéressés de réparer et d'entretenir les chemins qui existent; s'ils ne le font pas, s'ils ne l'ont jamais fait, c'est que les propriétés auxquelles ils seraient utiles n'en valent réellement pas la peine.

La séparation, au reste, amènera-t-elle un meilleur résultat? Est ce avec un problématique excédant de recettes de deux cent vingt-trois francs qu'on espère créer de nouvelles routes et les entretenir? N'y a-t-il pas encore sur ce point illusion complète des habitants de Peymeinade?

Ce projet de budget, si péniblement élaboré par eux, si difficilement mis en équilibre, ne répond-il pas victorieusement à cette prétention, non moins injuste que ridicule, et qui tend à faire croire que Peymeinade verse à la communauté plus de ressources qu'elle n'en absorde? Le territoire de Cabris est plus riche, on est forcé de le reconnaître, en face de ces magnifiques coteaux d'oliviers qui s'élèvent jusqu'au village lui-même; il est plus étendu. N'est-il pas, dès lors, évident que l'impôt le frappe dans une plus grande proportion?

La situation matérielle des hameaux séparatistes, leur développement moral sont-ils dignes d'un intérêt particulier de la part de l'administration? Evidemment non.

La population de Peymeinade est restée stationnaire; quelques maisons (huit, et non pas vingt-deux, comme l'a dit un des Mémoires présentés au Conseil général) forment ce que l'on appelle complaisamment le boulevard de Saint-Marc, situé sur la route départementale. Mais ce fait isolé, dû à une circonstance particulière, n'indique pas une tendance générale. La création du chemin de fer et la réalisation prochaine de l'embranchement de Grasse ont diminué et diminueront encore l'importance de la route départementale, et ainsi se trouvera arrêté le progrès momentané dont on parle.

Indépendamment des habitants de Cabris et de Spéracèdes, un grand nombre d'étrangers possèdent une partie du territoire de Peymeinade ; on peut en multiplier les noms : on se contentera d'indiquer M. Giraud, le promoteur de la mesure séparatiste, et qui n'habite sa propriété de Bléjarde que depuis quelques années. Rien de pareil ne se passe à Spéracèdes et à Cabris. Des ventes importantes d'immeubles ont eu lieu dernièrement dans ces deux sections, les habitants seuls sont devenus acquéreurs. C'est une preuve de richesse irrécusable.

Où sont, dans la commune, les plus forts imposés, sur les dix-sept appelés au Conseil municipal ? Un seul, M. Giraud, appartient à la section de Peymeinade. Il est vrai, a prétendu la Commission syndicale, mais ce résultat serait changé si on défalquait le montant des patentes de celui des contributions principales. L'argument est mauvais, il énonce un fait inexact, démenti officiellement par le receveur municipal, et il prouve une fois de plus combien sont plus florissants à Spéracèdes et à Cabris le commerce et l'industrie.

L'esprit public est-il meilleur à Peymeinade? Non encore : sur deux cent quarante-sept individus qui, dans le courant de l'année scolaire 1865 à 1866, ont reçu dans la commune les bienfaits de l'instruction publique, quarante-cinq seulement appartiennent à la section de Peymeinade ; tous les autres font partie des sections de Cabris et de Spéracèdes. Ces chiffres, relevés sur les listes de chaque instituteur, répondent à cette assertion hasardée, dénuée de preuves, que l'instruction publique jouit à Peymeinade d'un degré particulier de faveur.

Disons encore que, durant la même période, deux cours d'adultes ont été ouverts dans les deux sections opposantes et ont été fréquentés par cinquante-huit élèves. Rien de semblable à Peymeinade. Relevons encore cette observation intéressante : dans l'enquête ouverte devant M. le juge de paix de Saint-Vallier, la plupart des déposants de Peymeinade n'ont pu signer leur déclaration; ceux de Spéracède et de Cabris l'ont presque tous fait.

A un autre point de vue, il est bon de remarquer que, sur cent quatre-vingt-dix francs, produits l'an dernier par les permis de chasse, Peymeinade ne figure que pour une somme de *trente francs*. Comme une conséquence nécessaire, l'impôt sur les chiens a produit à la commune cent cinquante-sept francs; Peymeinade figure dans cette somme pour *vingt-un francs*.

On n'en finirait pas, si l'on voulait poursuivre jusqu'au bout ce parallèle intéressant.

Abordons un autre ordre d'idées. La situation de Peymeinade s'est-elle modifiée depuis 1824 et 1831, au point du vue municipal et administratif? Ces modifications ont-elles été pour cet humble hameau assez funestes, assez fatales, pour engager le gouvernement à accueillir plus favorablement qu'à ces époques la demande en distraction?

Sans doute de nombreux changements se sont produits; mais ils ont toujours eu pour résultat d'améliorer sa situation au lieu de l'aggraver. Peymeinade était alors journellement tributaire du chef-lieu. Aujourd'hui, elle se suffit. Elle a un adjoint spécial pour l'état civil, privé, il est vrai, du sceau de la mairie, mais à qui on l'aurait remis, si la demande en avait été faite. Elle a une église, un cimetière, un desservant rétribué par l'Etat; un instituteur, payé par le budget communal, y tient une école mixte; elle a un débit de tabac et on vient de lui accorder récemment un receveur buraliste, une horloge y est entretenue aux frais de la commune; elle possède une boîte aux lettres; un boulanger, un maréchal-ferrant et marchand de comestibles suffisent à toutes les nécessités du pays; le percepteur, dont la résidence est à Grasse, s'y rend, comme dans les deux autres sections, une fois par mois, et, dans un esprit de justice, dont nul ne songe à se plaindre, l'administration y a établi, pour les élections municipales et autres, le vote par section. Peymeinade a donc ses conseillers municipaux, qui défendent ses intérêts, qui empêchent ces répartitions inégales des ressources communales et qui, liés tantôt aux représentants de Cabris, tantôt à ceux de Spéracèdes, maintiennent dans ces réunions un équilibre d'influence et de force dont tout le monde profite.

Il suffit de relever un pareil état de choses, pour prouver que ces hameaux ne peuvent pas souffrir. Ils n'ont pas à pousser des cris de détresse, et sans vouloir parler des passions personnelles soulevées autour de cette question, il est facile de trouver ailleurs que dans les griefs signalés la *cause véritable* de la demande qui se produit Ne soulevons pas le coin de ce rideau, pour ne pas voir tout ce qu'il couvre de pauvretés et de tristesses, et discutons l'affaire comme si elle était sérieuse.

Peymeinade se plaint encore de son éloignement du chef-lieu; l'observation est au moins égoïste, car les hameaux qu'elle veut unir à sa fortune seront presqu'aussi éloignés de ce nouveau chef-lieu que de l'ancien; les deux kilomètres qui la séparent de celui-ci n'en sont ni plus longs ni plus difficiles à franchir. Si ses habitants ne font pas souvent ce trajet, la cause en est facile à saisir, dans tous les avantages, dans toutes les facilités dont on vient de faire l'énumération.

Combien moins heureusement est partagée la section de Spéracèdes, où n'existent ni adjoint spécial, ni horloge; ce hameau est pourtant à la même distance du chef-lieu. C'est là encore un preuve évidente de l'injuste répartition des fonds communaux.

A bout de raison, Peymeinade a découvert celle-ci : une vieille antipathie existe entre les habitants de cette section et ceux des deux autres. A l'entendre, c'est plus que de l'antipathie, c'est une rivalité sourde et jalouse, c'est presque la haine. Où est la preuve de cette assertion singulière? Quelles collisions a-t-il fallu jamais apaiser? On serait embarrassé de le dire. Sans doute les habitants de Peymeinade ont le caractère inquiet, l'esprit chagrin; plus d'une fois le maire de Cabris a dû venir parmi eux rétablir la tranquilité troublée; mais qu'on prenne la peine de consulter un document officiel, les registres de l'état civil, et on verra combien sont fréquents les mariages entre Peymeinade et les deux autres sections, et combien, résultat au moins singulier, sont plus rares les unions entre les habitants de Cabris et ceux de Spéracèdes. Est-ce là le signe d'une bien grande inimitié?

Mais, si elle existe véritablement, la séparation y mettra-t-elle un terme? Evidemment non.

Propriétaires dans tout le territoire de Peymeinade, les habitants de Cabris et de Spéracèdes ne vendront pas leurs immeubles et ne cesseront pas d'y aller; ils se trouveront dès lors tous les jours en contact avec ceux qui se font aujourd'hui leurs adversaires, et la séparation, devenue elle-même une cause de discorde, aigrira les esprits et pourra amener des conflits regrettables.

En résumé, on vient de le voir, pas de cause sérieuses de séparation : rien de réel, rien d'établi dans les griefs allégués ; le contraire, toujours facile à démontrer, et, en définitive, une commune qui s'administre sagement, sans impôts extraordinaires et qu'on voudrait échanger contre deux communes nécessairement rivales et vouées à une existence précaire et impossible.

Les considérations présentées à l'occasion du Budget l'ont surabondamment démontré. Tout le monde, au reste, est d'accord à cet égard. Mais quelle pertubation la séparation n'amènerait-elle pas dans les ressources financières des deux communes, à moins de fusionner plus étroitement encore des intérêts que l'on veut diviser? On l'a déjà dit : *les propriétés communales* fertiles, riches, incontestées, sont sur le territoire de Peymeinade. Les terrains pauvres, presques tériles, de Spéracède et de Cabris sont l'objet, depuis près de trois-quarts de siècle, de procès toujours renaissants et toujours incertains. Pour être juste, la division des biens communaux ne devrait comprendre que ceux du territoire de Peymeinade. La garantie est de droit en matière de partage. Attribuer à une seule des communes ces propriétés si précaires, si douteuses des deux hameaux opposants, ce serait exposer l'autre à de fréquents recours en garantie, ce serait créer une nouvelle et intarissable source de procès. Ces biens litigieux doivent donc être laissés en commun jusque au jour où le sort en sera définitivement réglé. Le partage, restreint aux propriétés de Peymeinade, devra être fait par feux. C'est le vœu de la loi, c'est la jurisprudence du Conseil d'Etat, c'est l'interêt essentiel de Cabris et de Spéracèdes.

Voilà donc ces deux sections propriétaires des deux-tiers des biens communaux de Peymeinade, en attendant que celle-ci le soit à son tour du tiers des leurs. C'est une conséquence nécessaire, inévitable, si l'on veut être juste, si l'on veut suivre les prescriptions de la loi. Est-ce donc la peine d'instruire si laborieusement une demande en distraction, pour arriver à un résultat semblable? La question se trouve jugée.

Un seul moyen pratique existe pour faire disparaître, au moins en partie, ces déplorables inconvénients. Il a été indiqué par M. le Sous-Préfet de Grasse et adopté par le Conseil général. Il consiste à vendre la forêt communale de Peymeinade, à en répartir le prix au prorata du nombre de feux de chaque commune et à le placer en rentes sur l'Etat. On ne rendra point ainsi la demande de Peymeinade ni plus juste, ni plus fondée; mais, au moins, on permettra aux deux nouvelles communes de vivre et de s'administrer. Si donc, la séparation est possible, elle ne l'est qu'à cette condition. Sans elle, on peut le dire, la séparation ne peut produire que d'affligeants résultats.

Cette mesure est, du reste, en elle-même utile et

salutaire. La forêt des Maures est d'une superficie considérable ; elle est agrégée de pins, de chênes-verts et de chênes-liéges. L'aménagement en est bon. Soumise à l'administration forestière, elle ne donne cependant que des revenus insignifiants. Elle produit cent quatre vingts francs par an, et il faut en consacrer cent cinquante au salaire du garde. Les coupes dont elle est susceptible ne peuvent se faire; les entraves, les conditions onéreuses, imposées par l'administration, écartent les adjudicataires. Ce fait vient encore de se produire récemment. La commune de Cabris possède donc un capital considérable et improductif. La forêt n'a pas été estimée, en effet, moins de *soixante mille francs* par un agent de l'administration elle-même. Ce capital peut périr d'un jour à l'autre, car la forêt est exposée aux incendies et la commune ne peut lui appliquer le petit feu, seul remède qui peut l'en garantir. Cette dépense, en effet, n'est pas évaluée à moins de quatre mille francs et est par conséquent tout à fait en dehors des forces de son budget. La vendre est donc tout à fait sauvegarder le capital et l'utiliser. Sans doute les inconvénients, les périls signalés pour le partage des *terres gastes* de Peymeinade et l'indivision de celles de Cabris et de Spéracèdes n'auraient pas disparu. Mais les communes nouvelles, libres de disposer d'une partie de leurs capitaux, pourraient plus facilement parvenir à s'entendre, au moyen de compensations pécuniaires.

Pour être véritablement utile, la vente de la forêt

doit se faire aux enchères. La forêt ne saurait être vendue en totalité à une des deux communes. Ce serait sacrifier évidemment les intérêts de l'autre, à moins d'en revenir à ce mode étrange de paiement, proposé par les sectionnaires de Peymeinade, aussitôt abandonné que mis au jour, tant il était difficile d'en soutenir la discussion, et qui consistait à acheter pour dix mille francs une forêt qui en vaut au moins soixante mille, et à en payer le prix par dixièmes, avec le produit successif des coupes.

L'opportunité de la mesure se joint donc à son utilité. Le Consil municipal de Cabris, pénétré de ces avantages, vient, au reste, d'en voter l'exécution; il la demande d'une manière absolue, sans se préoccuper de la distraction, ni du succès qu'elle peut obtenir, mais en vue seulement des bénéfices qui doivent en résulter pour le pays.

Le Gouvernement, désireux de s'associer toujours aux pensées véritablement utiles, y donnera sans doute son adhésion; il fera ainsi un acte de bonne administration, et si, malgré ce qui précède, il croit devoir également accueillir la demande en distraction, les habitants de Cabris et de Spéracède l'accepteront avec résignation, assurés qu'ils seront de pouvoir réparer ainsi les maux qu'elle entraînerait infailliblement. Ils espèrent donc que, dans ce cas, la vente de la forêt deviendra une condition *sine quâ non* de la séparation, et que cette dernière mesure ne devra recevoir son exécution qu'après l'accomplissement de la première.

Les membres du Conseil municipal des sections de Cabris et de Spéracède :

Ant. IRAUD, LAVENNE, FUNEL, DAVER, CAUVIN, MERLE, DAVER, cadet, adjoint. REVERDIT, DAVER, SASSY, MACARY, maire.

Cabris, le 15 décembre 1866.

Nice. — Typ. V.-Eugène GAUTHIER et Cⁱᵉ, descente de la Caserne, 1.

www.ingramcontent.com/pod-product-compliance
Lightning Source LLC
Chambersburg PA
CBHW070545050426
42451CB00013B/3183